Esta serie de estudios sobre el matrimonio tiene un completo
Enfoque a la Familia -confiable, con un sólido fundamento bíblico
y dedicado a restablecer los valores familiares en la sociedad actual.
Sin duda esta serie ayudará a una multitud de parejas a fortalecer
su relación, no solo del uno con el otro, sino también con Dios,
el *creado*r mismo del matrimonio.

Bruce Wilkinson

Autor de *La oración de Jabes, Secretos de la viña,*
y *Una vida recompensada por Dios*

En esta era de tanta necesidad, el equipo del Dr. Dobson ha producido
materiales sólidos y prácticos respecto al matrimonio cristiano.
Toda pareja casada o comprometida sacará provecho de este estudio
de los fundamentos de la vida en común, aunque ya hayan realizado
otros estudios sobre el tema. Gracias a *Enfoque a la Familia* por ayudarnos
a establecer correctamente esta máxima prioridad.

Charles W. Colson

Presidente de *Prison Fellowship Ministries*

En mis 31 años como pastor he oficiado cientos de bodas.
Infortunadamente, muchas de esas uniones fracasaron. Cuánto hubiera
apreciado poder contar con esta *Serie sobre el matrimonio* de *Enfoque a la
Familia* en aquellos años. ¡Qué maravillosa herramienta tenemos a
nuestra disposición, como pastores y líderes cristianos! Los animo
a utilizarla para ayudar a quienes están bajo su cuidado a edificar
matrimonios prósperos y saludables.

H. B. London, Jr.

Vicepresidente, Ministerio de Extensión / Ministerios Pastorales

Enfoque a la Familia

¿Está buscando una receta para mejorar su matrimonio?
¡Disfrutará esta serie práctica y oportuna sobre el tema!

Dr. Kevin Leman

Autor de *El sexo y la comunicación en el matrimonio*

La *Serie sobre el matrimonio* de *Enfoque a la Familia* tiene éxito porque no
centra su atención en cómo establecer o fortalecer un matrimonio,
sino en *quién* puede hacerlo. A través de este estudio usted aprenderá
que un matrimonio bendecido será la feliz consecuencia de una
relación más íntima con el *creador* del matrimonio.

Lisa Whelchel

Autora de *Creative Correction* y
The Facts of Life and Other Lessons My Father Taught Me

En una época en la que el pacto del matrimonio se deja rápidamente de
lado en nombre de la incompatibilidad y de las diferencias irreconciliables,
se necesitaba con urgencia un estudio bíblico que fuera a la vez práctico
e inspirador. La *Serie sobre el matrimonio* de *Enfoque a la Familia*
es justamente lo que las parejas están buscando. Recomiendo
decididamente esta serie de estudios bíblicos, que tiene el potencial
para impactar profundamente los matrimonios hoy y mejorarlos.
El matrimonio no consiste tanto en encontrar el compañero correcto
como en ser el compañero correcto. Estos estudios contienen
maravillosas enseñanzas bíblicas para ayudar a quienes desean aprenderlo,
el hermoso arte de llegar a ser el cónyuge que Dios había previsto
para su matrimonio.

Lysa TerKeurst

Presidente, Proverbs 31 Ministries
Autora de *Capture His Heart* y *Capture Her Heart*

La obra
maestra
del matrimonio

La obra maestra del matrimonio
Serie sobre el matrimonio de Enfoque a la Familia®
Publicado por Casa Creación
Una compañía de Strang Communications
600 Rinehart Road
Lake Mary, Florida 32746
www.casacreacion.com

A menos que se indique lo contrario, todos los textos bíblicos
han sido tomados de la *Santa Biblia, Nueva Versión Internacional* (NVI),
© 1999 por la Sociedad Bíblica Internacional. Usado con permiso.

Traducido por:
María Mercedes Pérez

Editado por:
María del C. Fabbrí Rojas

Diseño interior por:
Grupo Nivel Uno, Inc.

Library of Congress Control Number: 2004107885

ISBN: 1-59185-440-7

Impreso en los Estados Unidos de América

04 05 06 07 ❖ 8 7 6 5 4 3 2 1

Tabla de contenido

Prólogo por Gary T. Smalley 6

Introducción 8

Sesión 1: Grandes expectativas – Génesis 1:27 11
    Dios tiene un propósito eterno para el matrimonio

Sesión 2: El divino triángulo – Génesis 2:24-25 21
    La verdadera felicidad y realización en el matrimonio
    provienen de una relación a tres vías.

Sesión 3: La gran aventura – Génesis 1:28 .35
    Dios le asignó a la primera pareja una tarea para realizar,
    y les proveyó todo lo que necesitaban.

Sesión 4: Una caminata por el jardín – Génesis 3:8-9 45
    Podemos caminar con Dios el Señor en íntima comunión,
    como individuos y como pareja.

Guía de discusión para el líder 59

El campo misionero más urgente aquí en la tierra no se encuentra del otro lado del mar, ni siquiera al cruzar la calle; se encuentra exactamente donde usted vive: en su hogar y su familia. La última instrucción de Jesús fue: "Vayan y hagan discípulos de todas las naciones" (Mateo 28:19). Al considerar este mandato, nuestros ojos miran al otro extremo del mundo buscando nuestro campo de labor. Eso no está mal; pero no es *todo*. Dios se propuso que fuera el hogar el primer lugar de discipulado y crecimiento cristiano (vea Deuteronomio 6:4-8). Los miembros de nuestra familia deben ser los *primeros* a quienes alcancemos, mediante la palabra y el ejemplo, con el Evangelio del Señor Jesucristo, y el modo fundamental de lograrlo es por medio de la relación matrimonial.

El divorcio, las familias disfuncionales, el rompimiento de la comunicación y las complejidades de la vida diaria están teniendo consecuencias devastadoras en el matrimonio y la familia, instituciones ordenadas por Dios. No necesitamos ir muy lejos para darnos cuenta de que aun las familias y matrimonios cristianos se encuentran en situación crítica. Esta serie fue desarrollada en respuesta a la necesidad de edificar familias y matrimonios centrados en Cristo.

Enfoque a la Familia es un ministerio reconocido y respetado en todo el mundo por su incansable dedicación a preservar la santidad de la vida matrimonial y familiar. No puedo pensar en otra asociación mejor que la formada por Enfoque a la Familia y Casa Creación para la producción de la *Serie sobre el matrimonio* de *Enfoque a la Familia*. Esta serie está bien escrita, es bíblicamente sólida y adecuada a su objetivo de guiar a las parejas a explorar los fundamentos que Dios estableció para el matrimonio, a fin de que lo vean a Él como el modelo de un cónyuge perfecto. A lo largo de estos estudios se plantarán semillas que irán germinando en sus corazones y en sus mentes en los años por venir.

En nuestra cultura, tan práctica y realista, muchas veces queremos pasar por alto el *porqué* para ir directamente al *qué*. Pensamos que si *seguimos* los seis pasos o *aprendemos* las cinco maneras, alcanzaremos el objetivo. Pero el crecimiento con raíces profundas es más lento, con un propósito determinado, y se inicia con una comprensión bien fundada del designio divino. Saber por qué existe el matrimonio es crucial para lograr soluciones más efectivas. El matrimonio es un don de Dios, una relación de pacto única y distinta, por medio de la cual su gloria y su bondad se manifiestan; y sólo conociendo al arquitecto y su plan, podemos edificar nuestro matrimonio sobre el cimiento más seguro.

Dios creó el matrimonio; le asignó un propósito específico, y se ha comprometido a llenar con fresca vida y renovada fortaleza cada unión rendida a Él. Dios quiere unir los corazones de cada pareja, consolidarlos en amor, y conducirlos hasta la línea de llegada –todo por su gran misericordia y bondad.

Que Dios, en su gracia, los guíe a su verdad, fortaleciendo sus vidas y su matrimonio.

Gary T. Smalley
Fundador y Presidente del Directorio
Smalley Relationship Center

Introducción

Pero al principio de la creación Dios "los hizo hombre y mujer". Por eso dejará el hombre a su padre y a su madre, y se unirá a su esposa, y los dos llegarán a ser un solo cuerpo. Así que ya no son dos, sino uno solo.
Marcos 10:6-88

La obra maestra del matrimonio puede utilizarse en diversas situaciones, tales como estudio bíblico en grupos pequeños, clases de Escuela Dominical, o sesiones de consejería o tutoría. Incluso una pareja individual puede utilizar este libro en su propio hogar, como un estudio para edificación de su matrimonio.

Cada una de las cuatro sesiones consta de cuatro componentes principales.

Estructura general de la sesión

Labrar la tierra
Es una introducción al tema central de discusión; consiste en un comentario seguido de preguntas, para enfocar los pensamientos en la idea principal de la sesión.

Plantar la semilla
En este momento del estudio bíblico leerán una porción de las Escrituras y contestarán preguntas que los ayudarán a descubrir verdades inmutables de la Palabra de Dios.

Regar la esperanza
Es un tiempo para el debate y la oración. Sea que estén estudiando en casa como pareja, en un grupo pequeño o en una clase, hablar con su cónyuge acerca del tema de la lección es una forma maravillosa de afianzar esa verdad y plantarla profundamente en sus corazones.

Cosechar el Fruto
Pasando a la acción, esta parte de la sesión ofrece sugerencias para poner en práctica la verdad de la Palabra en su relación matrimonial.

Sugerencias para el estudio en pareja

Hay por lo menos tres opciones para utilizar este estudio en pareja.

- Pueden usarlo como estudio devocional. Cada cónyuge estudia el material individualmente durante la semana; luego, en un día determinado, ambos se reúnen para debatir lo que han aprendido y la forma de aplicarlo a su relación.
- Pueden elegir estudiar una sesión juntos durante una tarde, y luego desarrollar las actividades de aplicación durante el resto de la semana.
- Por ser un estudio breve, también es un espléndido recurso para un retiro de fin de semana. Pueden hacer un viaje de fin de semana y estudiar juntos cada sesión, intercalándola con sus actividades de esparcimiento favoritas.

Sugerencias para el estudio en grupo

Existen varias maneras de utilizar este estudio en grupos. La forma más común es hacerlo en grupos pequeños de estructura similar a un grupo de estudio bíblico. No obstante, puede utilizarse además en clases de Escuela Dominical para adultos. Cualquiera sea la modalidad elegida, hay algunas pautas generales que deben seguirse para el estudio en grupo.

- Mantengan el grupo pequeño (entre cinco y seis parejas como máximo).
- Pidan a las parejas que se comprometan a asistir regularmente durante las cuatro semanas de estudio. Esta regularidad en la asistencia es clave para la construcción de relaciones y el desarrollo de la confianza dentro de un grupo.
- Anime a los participantes a *no* compartir detalles de índole personal o que puedan avergonzar a su cónyuge, sin haberle pedido previamente su autorización.
- Todo lo que se trate en las reuniones grupales tiene carácter confidencial, y debe ser mantenido en la más absoluta reserva, sin trascender más allá de los miembros del grupo.

Hay ayudas adicionales para líderes en la parte final de este libro y en la *Guía para el ministerio de matrimonios de Enfoque a la Familia*.

Sugerencias para mentores

Este estudio también puede ser usado en situaciones donde una pareja se convierte en mentora o consejera de otra.

- Una iglesia o ministerio puede establecer un sistema por medio del cual a una pareja que lleva varios años de casada se le encomienda reunirse de modo regular con una pareja joven.
- Una manera menos formal de iniciar una relación de tutoría consiste en que una pareja joven tome la iniciativa y se acerque a un matrimonio que sea ejemplo de madurez y santidad, y solicite reunirse regularmente con ellos. O a la inversa, puede ser que una pareja madura se aproxime a una pareja más joven con el fin de iniciar una relación como mentores de ella.
- Algunos pueden sentir temor cuando se les pide que sean mentores de otros, creyendo que jamás podrán hacerlo porque su propio matrimonio está lejos de ser perfecto. Pero así como discipulamos a los nuevos creyentes, debemos aprender a discipular a las parejas casadas, para fortalecer sus matrimonios en este mundo tan difícil. El Señor ha prometido "estaré con ustedes siempre" (Mateo 28:20).
- Antes de comenzar a ser mentores de otros, completen ustedes mismos el estudio. Esto les servirá para fortalecer su propio matrimonio, y los preparará para poder guiar a otra pareja.
- Estén dispuestos a aprender tanto o más que la(s) pareja(s) de quien(es) serán mentores.

Hay ayudas adicionales sobre cómo ser mentores de otra pareja en la *Guía para el ministerio de matrimonios de Enfoque a la Familia.*

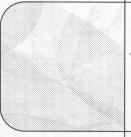

La Serie sobre el matrimonio de Enfoque a la Familia *está basada en* The Marriage Masterpiece *de Al Jansen (Wheaton IL: Tyndale House Publishers, 2001), una mirada esclarecedora a lo que el matrimonio puede —y debería— ser. En este estudio, ¡es un placer guiarlos en la maravillosa aventura de encontrar el gozo que Dios quiere que experimenten en su matrimonio!*

Grandes
expectativas

Y Dios creó al ser humano a su imagen; lo creó a imagen de Dios.
Hombre y mujer los creó.
Génesis 1:27

Imagine que usted está planeando un viaje desde su hogar hacia el Polo Norte. Primero, le quita el polvo a sus cosas y las prepara. Luego compra provisiones adicionales, cerciorándose de revisar su lista varias veces para estar seguro de que tiene todo lo que necesita. Finalmente, está listo para emprender su viaje.

Ahora imagine que la única falla en su cuidado equipo es una brújula defectuosa, que indica la dirección desviándose solamente un grado del curso que usted intenta seguir. Al comienzo no habría ningún error perceptible; usted continuaría su ruta y disfrutaría del paisaje. Sin embargo, al fin se daría cuenta de que su destino no está a la vista, y que la lectura de su brújula defectuosa lo ha llevado hacia otro lugar –¡uno que usted no había planeado visitar!

De alguna manera nuestras vidas, y particularmente nuestras relaciones matrimoniales, pueden experimentar un problema semejante. Cuando comenzamos a andar todo parece estar perfectamente calculado. Tenemos todas las herramientas adecuadas, conocemos el idioma correcto, y emprendemos el viaje con decidida confianza y energía ilimitada. Después, en algún lugar del trayecto, advertimos que nos hemos desviado, y nos preguntamos qué sucedió. No estamos donde pensábamos que deberíamos estar – y no sabemos por qué.

Labrar la tierra

Los grandes matrimonios comienzan descubriendo el plan de Dios.

- ¿Por qué creó Dios el matrimonio?
- ¿En qué consiste esta relación de pacto?
- ¿Cuál es la meta final para un esposo y una esposa?

Al definir nuestras expectativas para la relación matrimonial, permitir que Dios sintonice muy bien nuestros deseos con los suyos, y armonizarlos con su propósito y voluntad, no sólo podremos arribar al lugar correcto, ¡sino que también podremos disfrutar el viaje!

1. Mientras usted crecía, ¿cuál era su opinión en general acerca del matrimonio?

2. Antes de casarse, ¿cómo esperaba usted que fuera su matrimonio?

3. Después que usted se casó, ¿cómo cambiaron sus expectativas?

4. ¿Qué relación encuentra entre esas expectativas y su experiencia?

5. En su opinión, ¿cuál es el propósito final del matrimonio?

6. Identifique en sus respuestas anteriores, sus tres principales expectativas para el matrimonio.

7. ¿Cuáles considera que podrían ser las tres principales expectativas de su cónyuge para el matrimonio?

Es muy probable que ninguna de las expectativas que usted puso en la lista sea ilusoria. Sin embargo, si deseamos comprender el verdadero propósito de algo, por qué fue inventado, qué podemos esperar que haga, y cómo funciona mejor, primeramente deberíamos mirar al inventor. De igual modo, si deseamos entender el propósito del matrimonio —su designio divino—, necesitamos ir hacia el que lo diseñó: ¡Dios!

Plantar la semilla

Expectativa: Esperanza en una cuerda

La expectativa es como una brújula que determina cómo tratamos con las opciones que la vida nos presenta cada día y, en definitiva, en qué dirección estamos caminando. La palabra hebrea para "expectativa" es *tiqvah*, la cual también se traduce como "esperanza". Literalmente significa "algo anhelado; algo por lo cual uno espera". Es interesante que el significado original provenga de una palabra que significa "estirar como una cuerda".[1]

8. ¿Qué le recuerda "el cordón de grana" (o "cuerda", según otra traducción de la Biblia) en Josué 2:17-21? (Vea también Éxodo 12:22-23; 1 Corintios 5:7; 1 Pedro 1:19).

El cordón de grana de Rahab era su esperanza —su expectativa de ser salvada de la destrucción. Ella colgó ese cordón —*tiqvah*— en su ventana, confiando en que Dios la libraría a ella y a su familia, y Él lo hizo.

En el Nuevo Testamento, la palabra traducida como "expectativa" o "esperanza" significa "expectativa confiada basada en una sólida certeza". La esperanza bíblica es mucho más que pensamientos anhelosos; es una cuerda atada a una estaca clavada en la roca -una posición de fe que encuentra su fortaleza en el dador de la promesa. ¡Podemos tener una esperanza firme y aguardar cosas buenas, porque Dios *es* nuestra esperanza!

9. ¿Qué dicen los siguientes versículos acerca de la esperanza?

Salmo 71:5

Proverbios 23:18

Jeremías 29:11

Romanos 15:13

Colosenses 1:27

Hebreos 10:23

10. Basándose en estas Escrituras, ¿cómo definiría usted la "esperanza"?

11. ¿Cómo podría la esperanza afectar su vida?

De acuerdo, muy bien: probablemente usted esté pensando, *¿qué tiene que ver esto con el matrimonio?* Bien, la Biblia no solo tiene mucho que decir sobre nuestras expectativas, sino que también nos habla del principal asunto que tenemos entre manos: el *porqué* del matrimonio. Descubramos las expectativas de Dios para esta asombrosa unión.

Una vislumbre de Gloria

La Biblia tiene mucho que decir acerca del matrimonio —su propósito y sus fines. Mientras trabaja a lo largo de esta sección, piense en el designio de Dios para la relación matrimonial.

Génesis 1-2 revela a Dios como el creador del mundo y de todo lo que hay en él. Lea los dos primeros capítulos de Génesis; después relea los versículos indicados, y responda las preguntas para cada uno.

12. Según Génesis 1:3,6,9,14,20,24, ¿cómo creó Dios las cosas mencionadas en estos versículos?

13. Según Génesis 2:7 ¿en qué difiere el modo en que Dios creó al hombre?

14. Dios hizo personalmente al primer hombre y a la primera mujer, usando sus propias manos para formarlos y soplando su propia vida dentro de ellos; ¿qué le dice esto sobre lo singulares que son usted y su cónyuge?

Es frecuente decir que el arte refleja la vida. Esto es verdadero respecto al mundo que nos rodea, y también lo es respecto a Dios. Su creación es una expresión de su corazón –y revela algo acerca de quién es Él.

15. ¿De qué manera los siguientes versículos subrayan que la creación revela a Dios?

Salmo 19:1-4

Romanos 1:20

Hemos visto que el ser humano es la corona de toda la creación de Dios —la más valiosa obra de sus manos. Como los seres humanos recibimos vida por el Espíritu de Dios, somos seres espirituales con la capacidad de relacionarnos con Él de un modo en que no puede hacerlo ninguna otra cosa creada.

Podemos oír el deleite de Dios cuando va surgiendo, con precisión y belleza, cada estrato de la creación –la luz, el cielo, la tierra, las estrellas, las plantas y los animales: "Y Dios consideró que esto era bueno" (Gn 1:4, 9, 12, 18, 21, 25). Pero después que hizo al hombre, su gozo fue doblemente evidente: "Dios miró todo lo que había hecho, y consideró que era muy bueno" (Gn 1:31).

¡Es un hecho!	*En el relato original de la creación de Génesis 1-2, Adán no es sólo el nombre personal para el hombre, sino que también significa "ser humano", o "humanidad", lo cual incluye claramente tanto a los individuos masculinos como a los femeninos.*

En la Biblia hemos visto que toda la creación de Dios es un reflejo de quién es Él, una señal y testimonio de la grandeza de su gloria, su sabiduría y su creatividad. Consideremos ahora su creación cumbre: Adán y Eva, ambos. Ellos fueron diseñados de una manera tan singular que, cuando se unieran adecuadamente, podrían dar testimonio de la naturaleza de Dios mejor que el más perfecto amanecer, o que el más impresionante horizonte de montaña.

Es necesario que tanto el hombre como la mujer revelen la verdadera naturaleza de Dios. El objetivo fundamental del matrimonio —lo que Dios espera de él— es que refleje su imagen. Aunque nuestra humana pecaminosidad no permite que se revele la plenitud del carácter de su gloria, como esposo y esposa somos lo más apropiado para dar a conocer a Aquel que nos hizo (incluso a la luz de nuestra evidente depravación).

16. ¿Cómo podría relacionarse Juan 13:34-35 y 17:23 con la unidad en el matrimonio como reflejo de la imagen de Dios?

Mediante la unión del matrimonio, podemos reflejar una vislumbre de la gloria de Dios al mundo que nos rodea. Esta es nuestra esperanza más viva, nuestra mayor expectativa: revelar al mundo el mensaje divino del amor y la redención. Jesús mismo dijo que el mundo le conocería y vendría a Él por medio de nuestro amor y unidad. Con frecuencia suponemos que este amor y unidad ocurren fundamentalmente en nuestra relación diaria con otros. Sin duda que es así, pero cuando usted piensa en el corazón de Dios revelado a través de su creación del mundo y de la humanidad, ¿dónde está el primer cuadro de verdadera unidad? Está en la creación del ser humano –varón y mujer. Dios quiere que el amor y la unidad se expresen más plenamente en la relación única y divina entre un hombre y una mujer, a la cual llamamos matrimonio.

Todo en el matrimonio trata de la unidad —comenzando cuando Dios tomó una costilla de Adán para formar a Eva, y luego le entregó ésta a Adán para que fueran otra vez una sola carne. Esta unidad no es un fin en sí ni para sí, y es aquí donde aparecen nuestras expectativas.

Cuando nuestra expectativa es que el propósito último del matrimonio quede en la autorrealización y la felicidad personal, malogramos su propósito más alto, y nos entregamos a nosotros mismos a la desilusión y la angustia. Sin duda alguna, el matrimonio es un ámbito de profunda intimidad y gozo –como ninguna otra relación que podamos disfrutar aquí en la tierra. Pero esta realización y gozo, esta seguridad y compañerismo, no son sino el resultado del más sublime propósito del matrimonio: la unidad que refleja la unidad de Dios mismo, revelando su deseo de ser uno con nosotros.

17. ¿Qué dicen los siguientes versículos acerca del propósito de Dios para el matrimonio?

Mateo 19:4-6

Efesios 5: 31-32

La expectativa de Dios es que, por medio del amor compartido entre un esposo y su esposa, ambos puedan comprender mejor —y demostrar al mundo— el amor de su Padre por ellos. El matrimonio, como todo lo creado, tiene como objetivo dirigir nuestros ojos hacia Dios.

 Regar la esperanza

Tome algún tiempo para reflexionar sobre lo que ha aprendido acerca de las expectativas de Dios para el matrimonio.

18. Revise la lista de expectativas que escribió al comienzo de esta sesión. A la luz de lo que hemos compartido, ¿hubo cambios en sus expectativas de lo que es el matrimonio? ¿Cuáles?

19. ¿Está de acuerdo en que el propósito supremo del matrimonio es reflejar la gloria de Dios? ¿Por qué sí o por qué no?

20. ¿Qué expectativas podrían fortalecer una relación matrimonial?

21. ¿De qué modo tratar de conocer las expectativas de Dios para su matri- monio podría conducirlos realmente a una mayor autorrealización?

Con frecuencia se enfatizan demasiado los sentimientos románticos de amor. Cuando los sentimientos desaparecen las personas suponen que el amor también se fue, y entonces lo buscan en cualquier otra parte.

22. ¿Cómo una mayor comprensión de lo que Dios espera del matrimonio puede dar a las parejas una firme base de esperanza para sus relaciones?

Cosechar el fruto

La base bíblica para el matrimonio es una relación tal entre esposo y esposa que dirige ambos corazones a una comunión más profunda con Dios. Debemos realinear nuestros corazones con las expectativas bíblicas

- Dios creó el matrimonio
- Dios le dio al matrimonio un propósito y objetivo divinos
- Dios determinó que el matrimonio fuera un reflejo de la uni- dad que Él anhela tener con nosotros

Planifique para la próxima semana un tiempo específico durante el cual a repasar los votos que hizo en su boda.

23. ¿Qué se prometieron uno al otro?

24. ¿Qué esperan uno del otro a la luz de los votos que hicieron?

25. ¿De qué modo su relación matrimonial refleja algo de la naturaleza de Dios y le da gloria a Él?

26. ¿Cuál es una actitud o acción que usted debe cambiar, a fin de comenzar a cumplir el propósito de Dios para su matrimonio?

Oren juntos que Dios continúe abriendo sus ojos al designio divino para su matrimonio. Pidan su guía y bendición para alinear las expectativas que ustedes tienen para su matrimonio con las de Él.

Notas:
1. Jack W. Hayford, *Manual Bíblico Nelson*, (Nashville, TN: Thomas Nelson, 1995), s.v. "esperanza".
2. Ibíd.

El divino *triángulo*

Por eso el hombre deja a su padre y a su madre, y se une a su mujer,
y los dos se funden en un solo ser. En ese tiempo el hombre y la mujer
estaban desnudos, pero ninguno de los dos sentía vergüenza.

Génesis 2:24-25

Probablemente usted ha escuchado el refrán: Dos son compañía; tres son multitud. Esto puede ser verdadero en algunas situaciones ¡pero no en el matrimonio! En una relación matrimonial que funciona de la manera en que Dios la diseñó, entre dos puede ser difícil, pero entre tres es verdaderamente divino. La auténtica felicidad proviene de la relación a tres vías entre un hombre, una mujer y Dios. Nuestra plena realización en el matrimonio tiene lugar cuando Dios es invitado no sólo a ser parte de la ceremonia, sino también a ser la fortaleza siempre presente y que todo lo sustenta en esa relación.

¿Ha visto alguna vez cómo se trenza una cuerda? Las fibras sueltas son enro-lladas o retorcidas en una corriente sin fin de torcidas y estiramientos. El resultado final: una cuerda cuya resistencia sobrepasa en mucho a la de las hebras individuales. Dos hebras solas, aunque sean retorcidas con una fuerza considerable, finalmente se romperán o se desatarán, pero tres hebras pueden ser trenzadas o tejidas de un modo notablemente fuerte y durable. Del mismo modo usted y su cónyuge son hebras únicas, y cada uno aporta a su relación las diversas fuerzas y dones que Dios le ha dado. Tener a Dios como tercera hebra en la cuerda de su matrimonio, lo hará mucho más fuerte que con los dos solos.

Eclesiastés 4:12 confirma esta verdad: "La cuerda de tres hilos no se rompe fácilmente". Deseamos tener un matrimonio fuerte. Deseamos descansar con-fiadamente en la durabilidad de nuestra relación. ¿Cómo podemos lograrlo? Una manera es fortalecer las hebras individuales y luego presentarlas en un compromiso de fe ante Aquel que mantiene todas las cosas juntas.

1. Durante la semana pasada, ¿cómo han demostrado usted y su cónyuge la verdad de que "la cuerda de tres hilos no se rompe fácilmente"?

2. ¿De qué modo han experimentado el desgaste, la desunión o incluso la ruptura de su cuerda?

En el principio

Tome un momento para considerar la vida que llevaban Adán y Eva. Adán, creado por la mano y el soplo de Dios (vea Génesis 2:7), es colocado en el Jardín del Edén y se le encomienda la tarea de "cultivarlo y cuidarlo" (v. 15). Caminaba entre la prístina belleza del mundo recién creado, ponía nombre a los animales, conversaba diariamente con Dios, vivía libre de los artificios del pecado o el egoísmo, ¡qué buena vida tenía Adán! Pero eso no bastaba; Dios tenía en mente algo más.

3. ¿Qué dijo Dios acerca del estado de soltería de Adán en Génesis 2:18?

4. ¿Cómo respondió Dios a esta necesidad en los versículos 21-22?

5. ¿Cómo señala el propósito de Dios para el matrimonio el hecho de que Dios eligió crear a Eva de la propia costilla de Adán (vea el v. 22), en vez de hacerlo por su palabra, o del polvo de la tierra?

6.   Puesto que Adán y Eva no tuvieron padres terrenales ¿qué es lo significativo de la instrucción dada en Génesis 2:24? ¿Qué subraya esta declaración acerca de la estructura fundamental del matrimonio?

Jesús cita Génesis 2:24-25 como el punto fundamental para comprender el propósito de Dios para el matrimonio. Lea Mateo 19:4-6. Considere la frase "lo que Dios ha unido". El matrimonio es mucho más que dos personas que eligieron compartir un apellido y una cuenta bancaria. Es una relación divina donde Dios mismo entreteje a un hombre con una mujer con el propósito de que sean uno. A los ojos de Dios, esto es una unión de vidas permanente.

7.   ¿En qué maneras ha visto obrar a Dios en su matrimonio para unirlos más estrechamente a usted y a su cónyuge?

Obviamente Dios sintió que el hombre necesitaba una mujer, que el mandato de cuidar el jardín se realizaría mejor con el auxilio de otro, así que le entregó Eva a Adán. Esto no significa que las personas solteras estén incompletas en algún sentido, pero señala la verdad de que el designio de Dios para la más plena expresión de su gloria se halla en la unión de un hombre y una mujer dentro del matrimonio. Con su guía y presencia continuas crecerán juntos y revelarán su imagen al mundo que los rodea. Siendo Dios el iniciador y sustentador de su relación, Adán y Eva no solo cuidaban del mundo que Dios creó sino que también lo disfrutaban. Pero eran necesarios los tres para hacer que eso suceda: el hombre, la mujer y Dios.

Fortalecer los hilos

Si nuestras vidas individuales son fuertes y saludables, es más probable que disfrutemos de un matrimonio fuerte y saludable. La fuerza de la cuerda triple depende de cada hilo. Esto no implica que un esposo "perfecto" y una esposa "perfecta" sea igual a un matrimonio perfecto, o que si usted y su cónyuge no son hilos fuertes su matrimonio necesariamente deba desunirse. Lo que significa es que mientras cada uno busca al Señor, rindiendo la propia vida a su siempre refinadora misericordia, la cuerda se vuelve más y más como Él, y más y más durable y segura.

La gracia de Dios se hace visible cuando reconocemos nuestra completa insuficiencia y le pedimos su poder para realizar lo que somos impotentes para hacer por nosotros mismos. Es nuestro personal compromiso con Cristo, nuestra vida de devoción constante y una entrega continua a nuestro cónyuge, lo que hace del matrimonio un divino triángulo de bendición.

Los grandes matrimonios comienzan con un compromiso personal con Jesucristo

Jesucristo es la única puerta a una relación personal con Dios. Cuando rendimos nuestras vidas a su señorío nos restaura a la correcta relación con Él. Esto prepara el terreno para establecer relaciones correctas con los demás.

8. Lea y resuma Romanos 3:23.

La salvación comienza cuando comprendemos que hemos pecado y nos apartamos del perfecto plan de Dios para nuestras vidas. Estamos perdidos en nuestra propia rebelión y no podemos salvarnos a nosotros mismos sin importar cuán arduamente lo intentemos.

9. ¿Qué dice Romanos 6:23 acerca del resultado del pecado y lo que Dios nos ofrece?

La buena noticia es que Dios envió a su Hijo Unigénito, Jesucristo, para proveernos completa redención del pecado. La vida sin pecado de Jesús y su muerte por nuestros pecados provee salvación para todo aquel que cree: "Porque tanto amó Dios al mundo, que dio a su Hijo unigénito para que todo el que cree en él no se pierda, sino que tenga vida eterna" (Jn 3:16).

10. Qué dice Romanos 10:9-13 acerca de cómo expresar la fe en Jesús?

Debido a que la salvación es un regalo ofrecido por nuestro bondadoso Dios, nuestra única respuesta es por gracia recibirlo.

11. ¿Puede usted decir confiadamente que Jesús es su Señor?

☐ Sí ☐ No

12. Describa su experiencia de salvación.

Si usted nunca ha aceptado a Jesucristo como Salvador, ¿no quisiera considerar el recibirlo ahora mismo por fe? La Biblia es clara. Cuando venimos al Señor, Él nos recibe. Tome un momento y considere las verdades que se han discutido aquí, y lo que usted debe hacer en respuesta a ello.

Los grandes matrimonios se fortalecen con una constante devoción personal

El compromiso con Cristo debe incentivarse diariamente mediante hábitos devocionales que incluyen lectura bíblica, oración, y compañerismo con otros creyentes.

13. ¿Qué dice en Romanos 15:4 y 2 Timoteo 3:16-17 acerca de por qué debemos leer la Palabra de Dios?

14. ¿Qué le dice Filipenses 4:6-7 acerca del resultado de la oración?

15. Según Hebreos 10:24-25, ¿por qué es importante reunirse con otros cristianos?

16. ¿Cuál de estos tres hábitos espirituales está practicando con regularidad?

¿Cuál necesita agregar a sus actividades diarias?

Los grandes matrimonios perduran mediante la continua sumisión personal

El mantener su relación personal con Cristo fuerte y en continuo crecimiento, le proporcionará la gracia y fortaleza necesarias para verter su vida en la vida de su cónyuge. La sumisión individual a Dios y luego del uno al otro es el secreto para gozar de este triángulo divino.

Efesios 5:21-33 provee las pautas para la mutua sumisión.

17. ¿Qué quiere decir "sométanse unos a otros por reverencia a Cristo" (v. 21)?

18. ¿En su matrimonio hay una sumisión mutua por causa del compromiso personal de cada uno con Dios? Dé un ejemplo reciente de cómo ha mostrado sumisión a su cónyuge.

¿De qué manera su cónyuge le ha mostrado sumisión recientemente?

¿De qué manera usted ha mostrado sumisión a Dios recientemente?

19. ¿De qué modo ha sido afectado su matrimonio por no someterse uno al otro por reverencia a Cristo?

20. En Efesios 5:22-24, ¿qué se le dice específicamente a la esposa que debe hacer? ¿Cuál es el modelo de sumisión usado en estos versículos?

21. ¿Qué significa para usted la sumisión?

La sumisión de la esposa ¿es una licencia para que su esposo se transforme en el dictador de la relación? Explique su respuesta.

En un acto de fe y confianza, las esposas se someten a sus esposos. Por causa de la mutua sumisión, primero al Señor y después el uno al otro, la esposa voluntariamente toma un lugar bajo la cobertura de su esposo, no como su inferior, sino como su ayuda idónea.

22. Mientras lee Efesios 5:25-28 anote, versículo por versículo, la manera en que el esposo debe responder a su esposa.

Versículo 25

Versículo 26

Versículo 27

Versículo 28

El esposo responde a la sumisión de su esposa, no imponiendo su autoridad y dominio sobre ella, sino entregando su vida por ella, comprometiéndose enteramente para su bienestar y satisfacción.

23. Resuma Efesios 5:29-33.

24. ¿En qué maneras el amor de Cristo es reflejado a otros a través de su matrimonio?

El matrimonio tiene por objeto ser un eco de una relación aún mayor que existe entre Cristo y la Iglesia. Es la unidad que se ve en un matrimonio saludable lo que ofrece al mundo que nos rodea una vislumbre de la suprema unidad del Señor y su Novia, la Iglesia. Cuando un matrimonio está fundado sobre estas verdades, puede cumplir el mayor propósito divino, revelando por medio de su unión lo que significa ser uno con Dios.

 Regar la esperanza

El matrimonio se propone ser un triángulo divino que refleje la gracia y gloria de Dios: un hombre y una mujer ligados por la verdadera vida de Dios mismo. Es una relación única y distinta, creada y sustentada por el Espíritu del Señor.

25. (Para esposas) ¿Cómo vive usted en la práctica el mandato de someterse a su esposo? ¿Qué acciones específicas debería realizar diaria o semanalmente para demostrar su respeto por él (vea Efesios 5:33)?

Diariamente	Semanalmente

26. (Para esposos) ¿Cómo vive usted en la práctica el mandato de amar a su esposa como "Cristo amó a la iglesia" (v. 25)? ¿Qué acciones específicas debería llevar a cabo diaria o semanalmente para demostrar su amor por ella?

Diariamente	Semanalmente

Cosechar el fruto

Un esposo y su esposa tienen la oportunidad divina y el llamado para manifestar la naturaleza de Dios de una manera única e inequívoca. Rendirse al diseño de Dios para el matrimonio significa que ya no nos enfocamos más en hallar la felicidad personal. En cambio, levantamos nuestra mirada hacia Aquel que es tanto nuestro deseo como su cumplimiento. Reunidos en el matrimonio, unidos por el Espíritu de Dios, un esposo y su esposa son verdaderamente libres para honrarse mutuamente y honrar a Dios.

27. Describa la primera vez que se encontró con su cónyuge.

28. ¿Qué es lo que más le agradó de su cónyuge cuando se conocieron?

29. ¿Hubo un momento específico en el cual usted supo que ella o él era la persona con quien deseaba compartir el resto de su vida?

30. Mirando atrás, describa cómo obró Dios en sus vidas para reunirlos.

31. ¿De qué manera su matrimonio ha sido una relación de dos personas?

32. ¿De qué manera podría ser una relación unipersonal?

33. ¿Qué áreas deben volver a entregar al Señor, invitándolo a entretejer nuevamente su gracia y su gozo en la cuerda de su matrimonio?

Como pareja, redacten una declaración del propósito de su matrimonio basada en las verdades tratadas en esta sesión. Pregúntense, *¿cuál es el designio de Dios para nuestro matrimonio, y cómo podremos reflejar hacia quienes nos rodean el supremo deseo de Dios de ser uno con su pueblo?*

¿Alguna vez ha hecho usted un compromiso explícito con su cónyuge, de colocar las necesidades de él o ella por encima de las suyas propias, defendiendo los intereses de su cónyuge y buscando lo mejor para él o ella?

Realicen ese compromiso ahora y oren pidiendo a Dios que los ayude a mantener sus compromisos de amor y respeto mutuo, y a someterse el uno al otro por reverencia a Cristo.

La gran
aventura

Y los bendijo Dios con estas palabras: "Sean fructíferos y multiplíquense;
llenen la tierra y sométanla. Dominen a los peces del mar y a las aves
del cielo y a todos los reptiles que se arrastran por el suelo."
Génesis 1:28

Me imagino a Adán y Eva en el Jardín del Edén. Son jóvenes, rebosantes de entusiasmo por ese nuevo mundo que los rodea, deleitándose en descubrir diariamente las maravillas de las obras de Dios, asombrándose y regocijándose en la variada belleza y los intrincados diseños de la vida a su alrededor. Y suena muy atractivo.

Yo, sin embargo, despierto, tomo una ducha y me visto, me despido con un beso de mi esposa y de los niños, y me encamino a otro día de trabajo. Regreso a mi hogar cada tarde y comienza mi "otro" empleo: limpio o arreglo las cosas que necesitan mi atención, cuido el jardín, pago las cuentas, ayudo en las tareas domésticas–cualquier cosa que pueda hacer para ser el compañero amoroso de mi cónyuge, y un buen padre para mis hijos.

No me malinterprete. Me encanta mi vida y los desafíos que me presenta. Pero en la actividad febril de la vida diaria, me pierdo ese puro placer de descubrir el mundo que me rodea. Olvido que la misma compleja belleza que maravilló a Adán y Eva está también al alcance de mis manos. En cambio, cada noche, estiro las frazadas sobre mi cabeza, duermo un sueño profundo y me preparo para otro día.

El escenario que acabo de describir *no* es lo que Dios se propuso. Nos equivocamos por completo si creemos que Dios dispuso que solamente Adán y Eva vivieran la sorprendente maravilla del mundo que nos rodea. Dios desea que nosotros, juntos como un hombre y una mujer reunidos por el designio divino, gocemos una existencia grandiosa y plena de asombro. Como Adán y Eva, fuimos hechos para compartir una vida marcada por el verdadero temor a la presencia y al poder de Dios. Entonces, ¿nos desentendemos de todo y corremos por los campos de flores silvestres hasta que Jesús vuelva? No. La aventura más grande que podemos experimentar como pareja es entregar nuestras vidas y matrimonio a la voluntad de Dios, y trabajar juntos para ver cumplidos sus propósitos. Desde las más pequeñas tareas que afrontemos hasta la más grande, Dios nos ha ordenado trabajar juntos para su gloria.

1. Haga una lista de los trabajos que ha tenido.

2. ¿Cuál de sus trabajos fue el más agradable? ¿Por qué?

3. ¿Cuál fue el más difícil? ¿Por qué?

4. Describa el trabajo perfecto para usted.

5. Describa el trabajo perfecto para su cónyuge.

Dios dio a Adán y Eva el mismo trabajo que da a cada pareja que se ha rendido a su voluntad. Fuimos hechos para trabajar juntos en amor. No fuimos creados para correr ciegamente, día tras día, nuestras vidas sobre una rueda de hamster. ¡Dios quiere que despertemos a la gran aventura de la vida!

Plantar la semilla

Los niños viven para las vacaciones de verano —dos meses libres de trabajo. Pueden dormir con amigos, quedarse despiertos hasta tarde, y ni *pensar* en los deberes, maestros y exámenes. Las vacaciones son grandiosas; todos necesitamos un tiempo libre de la rutina para refrescarnos. Pero el propósito de Dios para nosotros no fue que vivamos para las vacaciones, y hacerlo, sólo trae pena y descontento a nuestra vida diaria.

Dios desea que veamos el trabajo al cual Él nos llama como una divina oportunidad para el asombro y el entusiasmo. Dios creó el trabajo; fue idea suya. La tarea a la cual Él llama a cada ser viviente no es una sentencia a trabajos forzados que deba soportarse, sino más bien, una oportunidad de usar los dones y talentos que nos han sido dados en un servicio que honre a Dios y satisfaga el corazón. El trabajo es un don. Trabajamos, individualmente y como pareja, con la meta suprema de gozarnos en Dios y darle gloria.

6. Conforme a Génesis 1:28 y 2:15, ¿cuál fue el trabajo al que Dios llamó a Adán y Eva?

Es importante notar que Dios llamó a Adán y a Eva a realizar juntos estas actividades. Aunque cada uno de nosotros tiene responsabilidades específicas, la mayor tarea que tenemos por delante es continuar haciéndolas juntos, lo cual requiere que tanto el esposo como la esposa se apoyen y se alienten mutuamente.

Sean fructíferos

La primera directiva de Dios para Adán y Eva fue ser fructíferos. Dios espera lo mismo de nosotros hoy. Por haber sido hechos a la imagen de Dios somos por naturaleza seres creativos —diseñados para ser fructíferos. Pero, ¿qué significa su mandato de ser fructíferos?

Cuando pensamos por primera vez en la orden de Dios de reproducirnos, llegamos a la conclusión lógica de que debe significar tener hijos. Después de todo, fuimos hechos para ser seres creativos y reproductivos, a quienes se les ha dado la capacidad de generar nueva vida. Sin embargo, algunas parejas —sea por elección u otra circunstancia —no pueden tener hijos, pero aún pueden ser fructíferos trayendo o guiando a otros a la familia de Dios. Estamos llamados no sólo a criar hijos que sirvan y sigan al Señor, sino también a permitir que la gracia de Dios use nuestros matrimonios para sembrar el propósito divino en las vidas de quienes nos rodean. Como instrumentos de la gracia, tenemos que alcanzar a otros con la bendición de Dios. Como pareja unida por Dios, usted y su cónyuge están llamados a trabajar juntos para reproducir las bendiciones de Dios en las vidas de sus amigos y familiares.

7. Nombre a dos personas que, como pareja casada, hayan tenido un impacto espiritual positivo en su vida. ¿Qué hicieron estas personas para causar tal impacto?

8. ¿Cómo está utilizando Dios sus vidas para tocar a quienes los rodean?

9. Nombre a dos personas (además de sus propios hijos) cuyas vidas pueden impactar ustedes como pareja.

10. ¿Cómo pueden ustedes lograr alcanzar a esas personas?

Gobernar y dominar

Adán y Eva tenían que gobernar a peces y ranas; nosotros tenemos computadoras y autos, empleos y presupuestos, deportes y ministerios, proyectos de servicio comunitario y tiempo de calidad para la familia —y la lista continúa.

Pero deténgase y piense un minuto en este mandato de gobernar. La tierra fue hecha para que las personas la descubran y disfruten —y la dominen. Ahora más que nunca parece que la gente está siendo dominada por las necesidades apremiantes que la rodean en vez de dominar esas necesidades y ponerlas bajo control, como Dios nos mandó. Dominar significa sencillamente someter las cosas a la autoridad. Las parejas casadas deben establecer las prioridades de sus vidas de modo que todo esté sometido a la autoridad de las Escrituras.

11. Haga una lista de las actividades de una semana típica (incluyendo el trabajo) de usted y de su cónyuge.

12. Revisando su lista, ¿cuáles son las cosas más importantes que usted realiza en la semana —cosas que hacen una diferencia eterna?

13. ¿Qué podría cambiar para facilitar que esos valores eternos sean parte de su rutina semanal?

Trabajar y mantener

Si alguna vez ha cultivado un jardín, conoce el trabajo agotador que requiere: labrar la tierra, idear un sistema de riego, sembrar la semilla, etc. Y cuando piensa que ya todo está hecho se da cuenta de que el trabajo no terminó —en realidad, ¡nunca terminará!

Un jardín debe ser desmalezado, regado, fertilizado, podado y limpiado, para mantenerlo saludable y fructífero. Nuestras vidas, y especialmente nuestras relaciones matrimoniales, también necesitan atención y cuidado continuos, o pueden caer en una tediosa rutina, que las deje sin vida y sin fruto.

14. ¿Qué hace usted para estimular diariamente su caminar con Dios?
¿Y semanalmente?

15. ¿Qué hace usted para cultivar diariamente su relación matrimonial?
¿Y semanalmente?

Las malezas más implacables y destructivas de un matrimonio son la falta de devoción personal a Dios, el egoísmo, y el fracaso en comunicarse bien. Las más comunes de estas malezas deben ser vigiladas atentamente, y arrancadas tan pronto como se las perciba.

16. ¿Cuáles son las malezas con las que ha luchado en su matrimonio?

17. ¿Qué puede hacer para arrancar esas malezas?

No importa a qué hayamos sido llamados, la orden es clara: sean fructíferos, dominen las cosas que los apartan de la devoción a Dios y del uno al otro, y cuídense mutuamente cada día. Se supone que el matrimonio sea una aventura compartida, el gozoso y emocionante viaje de descubrimiento del asombroso mundo que Dios creó para nosotros. ¡Dios quiere que caminemos junto con Él! La rutina tediosa nunca fue parte de su plan.

Regar la esperanza

El trabajar juntos añade un propósito común al vínculo que el esposo y su esposa comparten en su matrimonio. Unidos por el designio divino, entretejidos en uno, el matrimonio es un lugar de fortaleza y seguridad como ninguna otra relación en la tierra; una bendición para ser gustada y disfrutada. Podemos trabajar juntos, esforzándonos para que se cumplan en nosotros los propósitos de Dios. Cuando dominamos nuestros horarios y domesticamos nuestras actividades, disponemos de la energía y la capacidad para alcanzar a otros con el amor de Dios.

18. Si se supone que la vida de casados debe ser una gran aventura, ¿por qué con tanta frecuencia parece estancarse en la opacidad de la rutina? ¿Qué puede hacer que una pareja pase de tener los ojos agrandados de asombro a una rutina soportada estoicamente?

19. Si una pareja se estancó en la rutina, ¿cómo puede llegar a renovar su entusiasmo por Dios y del uno por el otro?

20. ¿Cómo ha usado Dios sus vidas como pareja casada para reflejar su gloria a otras personas de su comunidad?

¿En su iglesia?

¿En su familia?

21. ¿Qué áreas son sus puntos fuertes como pareja casada?

22. ¿Qué áreas son sus puntos débiles?

Es importante que periódicamente dediquen un tiempo a evaluar cómo los ha dotado específicamente Dios a ambos para servir a otros. Pídanle ayuda mientras ordenan sus vidas para que los propósitos divinos se vayan cumpliendo en ustedes y a través de ustedes, como pareja y como individuos.

El centro del Jardín del Edén era el árbol de la vida. Este árbol era el lugar donde la presencia divina era tan real como el fruto que colgaba de los árboles. Dios desea que su presencia sea el centro de nuestra relación y nuestro trabajo. Eso funciona de este modo:

- El trabajo es un don de Dios.
- Estamos llamados a trabajar juntos para cumplir la voluntad de Dios.
- El matrimonio está diseñado para ser el ámbito donde cumplimos los propósitos de Dios tanto individualmente como juntos.

23. ¿Cómo cambia su perspectiva del trabajo al conocer esta orden divina?

24. ¿Por qué Dios asignó trabajo a Adán y Eva en vez de dejarlos que simplemente disfrutaran de su creación?

25. ¿De qué manera nos beneficia el trabajo?

26. ¿Cómo considera su cónyuge el trabajo de usted?

¿Cómo puede apoyar mejor a su cónyuge para que cumpla la tarea que Dios le encomendó realizar?

Tomen un momento y oren juntos, pidiendo a Dios que renueve su comprensión del propósito que Él tiene para ustedes como pareja, y los ayude a comenzar a ver sus vidas como la gran aventura que Él se propuso que fuera.

Luego comiencen cada día de esta semana turnándose para orar las bendiciones de Dios sobre cada uno, específicamente en el área del trabajo y la responsabilidad diaria. Pidan a Dios que su presencia los guíe a ambos, y su poder bendiga cada uno de sus esfuerzos.

Una caminata *por el* jardín

Cuando el día comenzó a refrescar, oyeron el hombre y la mujer que Dios andaba recorriendo el jardín; entonces corrieron a esconderse entre los árboles, para que Dios no los viera. Pero Dios el Señor llamó al hombre y le dijo: "¿Dónde estás?"
Génesis 3:8-9

Tahití, Maui, la Riviera francesa, Borneo, Cancún, Venecia: estos nombres nos sugieren lugares románticos, desbordantes de sol, donde podríamos relajarnos despreocupadamente. Lugares fuera del tiempo, donde tenemos la certeza de que seguramente la vida misma debe detenerse, soltando el puño de hierro y entregándose al profundo gozo de vivir. ¡El Paraíso!

1. Describa su idea de paraíso —algún lugar donde usted estaría contento de vivir para siempre. ¿Cómo es? ¿Cómo se siente ese lugar?

2. ¿Cómo describiría su cónyuge su propio paraíso?

3. ¿Qué es lo que hace a estos lugares (reales o imaginarios) tan deseables para cada uno ustedes?

4. ¿Qué cosa arruinaría su paraíso?

Si alguna pareja pudo haber vivido para siempre en el paraíso fueron Adán y Eva. Tenían un mundo perfecto: un lugar que Dios les proveyó y en el cual Él mismo caminaba y disfrutaba su relación con ellos.

Entonces, ¿qué sucedió? ¿Cómo pudieron sentirse descontentos en un lugar tan perfecto?

Un destacado proveedor de servicio inalámbrico de comunicaciones difundía una serie de anuncios en los cuales la parte crucial de una importante conversación se perdía o era mal entendida a causa del chirrido de las interferencias estáticas. En un anuncio, justo cuando el hombre estaba a punto de "declararse", su voz era eclipsada por el sonido de un frenético rasguño, semejante al arrastre de unas uñas sobre un pizarrón. No es necesario decir que la conversación se interrumpía abruptamente. Estos anuncios hacían desternillar de la risa a los usuarios, porque todos los que utilizan la tecnología moderna —teléfonos celulares, computadoras o faxes —pueden identificarse con esas fallas que aparecen de vez en cuando, usualmente cuando menos lo desean.

Esta idea de la interferencia estática es una analogía bastante razonable con lo que sucedió en el Jardín del Edén. Las cosas iban bien y *muy* bien. Adán y Eva disfrutaban de la hermosa creación que los rodeaba, con Dios mismo como su amigo y maestro. En ese paraíso tenían todo lo que pudieran desear o necesitar y más. Pero tenerlo todo no impidió que Adán y Eva desobedecieran los mandatos de Dios, y quebraran la línea de comunicación perfecta con su hacedor. El pecado introduce toda clase de interferencias en nuestras vidas. Causa un chirrido de egoísmo y destrucción que no podemos reparar por nosotros mismos. La intención de Dios de que llegáramos a ser expresiones de verdadera unidad en Él, fue eclipsada. Entonces, ¿adónde vamos desde aquí?

¿Qué sucedió en el Jardín?

Lea el relato de lo que sucedió en el Jardín del Edén en Génesis 3:1-24.

5. ¿Cuáles fueron los pasos que dio la serpiente para engañar a Eva (vea vv. 1, 4, 5)?

6. ¿Cómo cayó Eva en el engaño (vea v. 6)?

7. En Génesis 3:5, ¿qué era lo que, según la serpiente, Dios no les había revelado a Adán y Eva?

8. ¿Qué sucedió cuando Adán y Eva comieron del fruto? ¿Consiguieron lo que deseaban?

9. Aunque Adán trató de culpar a Eva —y en última instancia a Dios (vea v.12, ¿cuál fue su responsabilidad en el incidente?

10. ¿Cuáles fueron los resultados para Adán y Eva, como individuos y como pareja?

¿Qué *estaban* pensando? Es fácil criticarlos, pero no deberíamos hacerlo. Lo mismo nos sucede a cada uno de nosotros. Compramos una mentira; es tan simple como eso. Nos demoramos demasiado tiempo en la sugerencia del engañador y somos engañados. Como resultado, buscamos nuestros propios intereses y dejamos de reconocer a Dios como creador, rey y amigo.

Adán debería haber reconocido inmediatamente el peligro e intervenir, como el gobernador de la tierra que Dios había establecido. Después de todo, fue Adán quien recibió las instrucciones de Dios y por lo tanto era responsable de velar por su cumplimiento. Adán fue comisionado y dotado por Dios para gobernar la tierra y dominarla, pero por no imponer la autoridad que Dios le había dado, la entregó sin luchar.

Eva debería haber cuestionado las palabras de la serpiente yendo hacia Adán o incluso hacia Dios, ¡quien los visitaba en el fresco de la tarde! Después de todo, nunca antes se había pronunciado una declaración que contradijera a Dios. Eso, ¿no debería haberles resultado como una bandera de advertencia?

Entonces ¿por qué no hicieron algo, *cualquier cosa?* Porque confiar requiere valor. En ese punto, cuando Adán pudo haber tenido su momento más grande, se transformó en un cobarde. Y Eva también. Dada la oportunidad de obedecer, aunque no entendiera completamente, se derrumbó y decidió que el fruto —y lo que le daría— era demasiado bueno para rechazarlo. Ese día nadie exhibió valor, solamente la cobardía que les costó todo a ellos y a su descendencia.

11. En su matrimonio ¿alguna vez usted fue tentado a hacer algo, sabiendo que hacerlo dañaría su relación? ¿Qué sucedió?

Las pequeñas decisiones que tomamos a diario pueden afectar nuestras relaciones. El decir mentiras piadosas, quejarnos de nuestro cónyuge ante otros, traer a colación los errores de nuestro cónyuge —todas estas cosas pueden socavar una relación matrimonial.

12. ¿Cuáles son algunas cosas que usted podría querer conseguir, que acarrearían dolor a su matrimonio?

¿Qué nos sucede?

La Caída dañó nuestra unidad. El increíble entretejido de almas, la verdadera unión como una sola carne, fue alterado, y en cambio comenzó a florecer el interés personal, resultando en el pensamiento egoísta: *"¿Y qué de mí?"* Desde la Caída, los seres humanos se han vuelto egoístas por naturaleza. El egoísmo en un matrimonio es como el cáncer en el cuerpo: resultará en la muerte, a menos que suceda algo que provoque la sanidad.

Si la meta fundamental de nuestro matrimonio es la felicidad personal, buscaremos lograrla, y nos molestaremos con cualquier cosa o persona que se interponga con esa meta. El llamado a llegar a ser uno requiere que cada uno considere los deseos y necesidades del otro como lo más importante. Jesús dijo que debemos amar a nuestro prójimo —¡y esto ciertamente incluye a nuestro cónyuge!— *como a nosotros mismos* (vea Marcos 12:31). Al esposo se le dice que debe amar a su esposa como a su propio cuerpo (vea Efesios 5:28) y que "el que ama a su esposa a sí mismo se ama" (también Efesios 5:28).

En un matrimonio se presentan cada día situaciones que fuerzan al esposo y a la esposa a confrontar su egocentrismo y elegir, en cambio, servir al otro voluntaria y gozosamente.

13.   ¿Cómo coloca usted las necesidades de su cónyuge antes que las suyas?

14.   ¿Cómo le demuestra su cónyuge a usted su disposición de colocar primero sus deseos y necesidades a los de él o ella?

15.   ¿Cuáles son algunas formas en que usted podría sacrificar cosas que quizás desee, a fin de bendecir a su cónyuge?

16. ¿Cómo el hecho de servir a nuestro cónyuge abre la puerta para restaurar el propósito original de Dios para el matrimonio?

Pensando en la experiencia de Adán y Eva, podemos ver que las acciones egocéntricas (es decir, cuando elegimos ignorar la voluntad de Dios e ir por nuestro propio camino) producen menos de lo que deseamos.

17. Durante estos tiempos de egoísmo, ¿cuándo se dio cuenta de que el problema podría estar en usted, o en su manejo de una situación, antes que en su cónyuge?

18. ¿De qué maneras usted ha sido su mayor obstáculo para su autorealización?

19. ¿Cuál fue el resultado?

Mientras más nos centramos en obtener la felicidad satisfaciendo nuestros propios deseos, menos aptos somos para descubrir qué es lo que *realmente* deseamos. El servir a los demás —especialmente a nuestro cónyuge— es la manera en que Dios alumbra el camino de nuestro propio éxito. De este modo, la felicidad no es el propósito sino el resultado de un matrimonio saludable, un matrimonio como Dios se propuso que fuera.

Observe el siguiente ejemplo de cómo un cónyuge podría expresar en una tabla los puntos altos y bajos de su matrimonio.

Tabla matrimonial (Ejemplo)

10	X		X							X
9		X							X	
8					X		X			
7						X				
6										
5			X							
4										
3										
2				X						
1										
*	Año 1	Año 2	Año 3	Año 4	Año 5	Año 6	Año 7	Año 8	Año 9	Año 10

*En los espacios de la derecha anote los años, meses (si tiene menos de 3 años de casados) o grupos de años (si tiene más de 12 años de casado)

Hitos de nuestro matrimonio

Año 1:   *¡Dicha de recién casados!*

Año 2:   *Compramos el condominio. Nos costó un poco, pero valió la pena.*

Año 3:   *¡Una sorpresa inesperada pero bienvenida!*

Año 4:   *John, despedido del trabajo —decidió terminar sus estudios y trabajar a tiempo parcial.*

Año 5:   *Un año financieramente duro —¡comimos muchos macarrones y queso!*

Año 6:   *John se graduó de la escuela y nacieron los mellizos.*

Año 7:   *Una oferta grandiosa de empleo y comenzó la nueva carrera de John.*

Año 8:   *¡Llegó el bebé número cuatro! Vendimos el condominio y compramos una casa.*

Año 9:   *Las cosas comenzaron a suavizarse en lo financiero.*

Año 10:   *¡Renovamos nuestros votos y lo celebramos con un viaje de luna de miel!*

Ahora ubique en una tabla los puntos altos y bajos de su matrimonio. Utilice los espacios provistos más abajo para anotar los sucesos que constituyen los hitos de los puntos altos y bajos.

Tabla matrimonial

10										
9										
8										
7										
6										
5										
4										
3										
2										
1										
*										

* En los espacios de la derecha anote los años, meses (si tiene menos de 3 años de casados) o grupos de años (si tiene más de 12 años de casado).

Hitos de nuestro matrimonio

_____ : _____

_____ : _____

_____ : _____

_____ : _____

_____ : _____

_____ : _____

_____ : _____

_____ : _____

_____ : _____

_____ : _____

Muchas parejas creen que su matrimonio debería ser un continuo ascenso de gloria en gloria, con total satisfacción personal y donde cada actividad cotidiana esté plena de felicidad. Sin embargo, en la realidad el matrimonio es una relación dinámica, que baja y sube a través de muchas etapas, algunas de las cuales son maravillosas y satisfactorias, y otras son exigentes y frustrantes.

Pero lo que todas tienen en común es esto: un esposo y su esposa que están unidos por Dios en un vínculo único, y son idóneos el uno para el otro. Los altibajos de la vida sirven como situaciones que los llevan a unirse más estrechamente, a apoyarse firmemente el uno en el otro y en Aquel que forjó el vínculo entre ambos.

20. Describa una época en que una dificultad le hizo acercarse más a su cónyuge.

21. ¿Cómo obró Dios en esa circunstancia para fortalecer su relación?

¿Qué podemos hacer ahora?

Como podemos observar en los resultados de la Caída registrados en Génesis 3, el pecado pone distancia en nuestras relaciones y daña nuestra capacidad para disfrutar del matrimonio como Dios desea que lo hagamos. Esto hace resurgir sentimientos de culpa relacionados con fallas en nuestras relaciones pasadas. No se detenga allí y no permita que el engañador lo deje encerrado en el pasado. Dios ha provisto completa redención para usted.

La única salida del dolor causado por el pecado es admitir la falta. Cuando confesamos nuestro pecado podemos recibir el perdón y volver a encauzar correctamente nuestras vidas. Dios, que ama a su creación más de lo que podríamos comprender, sabía lo que sucedería cuando la serpiente encontrara por fin la oportunidad de hablar con Eva. Él sabía que Adán se uniría a ella en la decisión de pecar, y que el perfecto designio divino para sus vidas con Dios sería alterado para siempre. Pero Dios tenía un plan.

22. Copie 1 Juan 1:9.

Toda persona tiene áreas débiles en las que falla de vez en cuando, dando lugar a que la interferencia del pecado vuelva a entrar sigilosamente, y desordene los propósitos de Dios para nuestro bienestar y crecimiento. La respuesta es llevar nuestras debilidades al pie de la cruz, delante del Cristo que llevó nuestro pecado en su propia carne.

23. Según Isaías 53:3-5 y 1 Pedro 2:24, ¿qué llevó Jesús para que pudiéramos ser liberados de nuestra deuda de pecado?

Rindiendo sus debilidades y flaquezas a Dios, permite que Él derrame su gracia en usted. La debilidad no es una vergüenza o un defecto; es una oportunidad de realizar una honesta evaluación de usted mismo, e invitar a Dios para que rellene las rajaduras y fortalezca el vínculo entre usted y su cónyuge.

24. ¿Qué dice 2 Corintios 12:9 acerca de la debilidad?

25. ¿Cuál ha sido el área débil más desafiante en su matrimonio?

26. ¿De qué maneras específicas puede solicitar la gracia de Dios para esa área débil?

27. ¿Cómo afectó la Caída la relación matrimonial?

28. ¿De qué manera ha visto al egoísmo deslizarse subrepticiamente dentro de su relación matrimonial?

29. Explique por qué usted concuerda o disiente con la siguiente declaración: Si el propósito del matrimonio es la felicidad personal, entonces es justificable el divorcio cuando usted ya no es feliz.

30. ¿De qué modo el colocar los deseos y necesidades de su cónyuge por encima de los suyos propios le provee a usted una manera de experimentar su realización personal?

Cosechar el fruto

Después de crear a Adán y Eva, Dios no los dejó para que se las arreglaran por su cuenta. Él caminó *con* ellos en el Jardín del Edén, haciendo ver con esto que la relación a tres vías sería la fuente de fortaleza diaria y de guía para la pareja.

Es igual con nosotros: Dios no nos une en matrimonio con nuestro cónyuge y luego nos deja que nos las arreglemos a nuestro modo. Dios diseñó una relación matrimonial que lo incluye a Él. Cada uno en el matrimonio necesita la continua infusión de la presencia de Dios para crecer más íntimamente, no sólo con su cónyuge sino también con el Señor.

Sería grandioso si la historia hubiera terminado así: Adán y Eva disfrutando con Dios de sus visitas diarias, creciendo en la comprensión de sus caminos y de su naturaleza por medio de la creación que los rodeaba, mientras profundizaban su propio amor y unión en ese proceso.

Infortunadamente, el pecado de Adán y Eva robó este asombroso don, y desde entonces sus efectos caen sobre cada vida y relación humana. A causa del pecado de ellos nuestra relación a tres vías con Dios fue estropeada e hizo necesaria la redención, que sólo pudo lograrse por medio del sacrificio del cordero, nuestro redentor, Jesucristo.

Mediante la muerte de Jesús por nuestros pecados y su resurrección, Dios proveyó una salida de este desorden y podemos caminar otra vez con Dios en íntima relación con Él —como individuos y como pareja.

Elijan esta semana un tiempo para servirse la Cena del Señor el uno al otro. Lean los pasajes que se detallan y luego, al participar del pan y del vino (o jugo de uva), recuerden que Dios mismo ha hecho un compromiso con usted y su cónyuge, como individuos y como pareja —y Él desea verlos vencer.

- Mateo 26:26-29
- Marcos 14:22-24
- Lucas 22:19-20
- 1 Corintios 11:23-25

Después de compartir la Cena del Señor, oren por turno el uno por el otro y alaben a Dios por haberlos unido en su sabiduría y plan supremos.

Guía de discusión
para el líder

Pautas generales

1. En lo posible, el grupo debería ser liderado por una pareja casada. Esto no significa que ambos esposos deban conducir las discusiones grupales; quizá uno es más apto para fomentar el debate mientras que el otro se desempeña mejor en la organización o ayudando a formar y consolidar relaciones; pero el matrimonio líder debería compartir responsabilidades en todo lo que sea posible.

2. En la primera reunión, asegúrense de exponer claramente las reglas fundamentales para los debates grupales, recalcando que el seguir dichas reglas contribuirá a que todos se sientan cómodos durante los tiempos de discusión.

    a. Ningún participante puede compartir detalles de índole personal o que puedan avergonzar a su cónyuge, sin haberle pedido previamente su autorización.

    b. Sea cual fuere el tema discutido en las reuniones grupales, tiene carácter confidencial, y debe ser mantenido en la más absoluta reserva, sin trascender más allá de los miembros del grupo.

    c. Dé lugar a que participen todos los miembros del grupo. Sin embargo, como líder, no fuerce a ninguno a contestar alguna pregunta si no se muestra dispuesto a hacerlo. Sea sensible a los diferentes tipos de personalidad y estilos de comunicación de los integrantes del grupo.

3. El tiempo de comunión es muy importante para consolidar relaciones en un grupo pequeño. El suministrar bebidas y/o un refrigerio, ya sea antes o después de cada sesión, fomentará un tiempo de comunión informal con los demás miembros.

4. La mayoría de la gente tiene vidas muy ocupadas; respeten el tiempo de los integrantes de su grupo comenzando y terminando puntualmente las reuniones.

La Guía para el ministerio de matrimonios de Enfoque a la Familia *tiene aún más información sobre cómo iniciar y liderar un grupo pequeño, y es un recurso de inapreciable valor para guiar a otros a través de este estudio.*

Cómo usar este material

1. Cada sesión cuenta con material más que suficiente para cubrir un período de enseñanza de 45 minutos. Probablemente el tiempo no alcance para discutir cada una de las preguntas en la sesión, así que prepárense para cada reunión seleccionando previamente las que consideran como las más importantes para tratar en grupo; debatan otras preguntas si el tiempo lo permite. Asegúrense de reservar los últimos 10 minutos de la reunión para que cada pareja interactúe individualmente y para orar juntos antes de despedirse.

    Plan opcional de ocho sesiones: Si desean llegar a cubrir todo el material presentado en cada sesión, pueden dividirla fácilmente en dos partes. Cada sección de la sesión consta de suficientes preguntas como para dividirla por la mitad, y las secciones de estudio bíblico (Plantar la semilla) están divididas en dos o tres secciones que pueden utilizarse para enseñar en sesiones separadas. (En la guía del líder grupal encontrarán más ayuda sobre cómo hacerlo.)

2. Cada cónyuge debería tener su propia copia del libro para contestar las preguntas personalmente. El plan general de este estudio es que las parejas completen las preguntas en sus casas y luego traigan sus libros a la reunión para compartir lo que hayan aprendido durante la semana.

    Sin embargo, la experiencia de liderar grupos pequeños hoy en día demuestra que a algunos miembros les resultará complicado realizar las tareas. Si este es el caso de su grupo, consideren la posibilidad de adaptar las lecciones para que los miembros completen el estudio durante el tiempo de reunión a medida que los guía en la lección. Si utilizan este método, asegúrense de animar a los integrantes a compartir sus respuestas individuales con sus cónyuges durante la semana (tal vez alguna noche que destinen específicamente para ello).

> **Nota para los líderes**: *Este estudio bíblico está basado en* The Marriage Masterpiece[1], *de Al Janssen. Recomendamos especialmente que lea el prólogo y los capítulos 1 al 5 como preparación para conducir este estudio.*

Antes de la reunión

1. Reúna materiales para hacer tarjetas de identificación (si las parejas no se conocen y/o si ustedes no conocen el nombre de todos). También consiga lápices o bolígrafos extra y Biblias para prestarle al que necesite.

2. Haga fotocopias del **Formulario para pedidos de oración** (ver la sección de "Formularios fotocopiables" de la *Guía para el ministerio de matrimonios de Enfoque a la Familia,*) o provéase de fichas de 3x5 pulgadas para registrar los pedidos.

3. Lea sus propias respuestas a las preguntas, marcando las que desea que se debatan en el grupo.

4. Prepare papelitos con las citas bíblicas de los versículos que ustedes querrán que sean leídos en voz alta durante las sesiones. (Por ejemplo, en la pregunta 9 de "Plantar la semilla", puede solicitar que algunos miembros lean los versículos en lista antes de que compartan lo que éstos dicen acerca de la esperanza). Si lo desea, puede distribuirlos a medida que llegan los integrantes, pero sea sensible con los que se sienten incómodos al leer en voz alta o que no estén familiarizados con la Biblia.

Rompehielos

1. Si ésta es la primera vez que este grupo de parejas se reúne, haga que todos se presenten y que cuenten un poco acerca del tiempo que llevan casados, dónde se casaron, etc.

2. Invite a las parejas a compartir algo divertido que sucedió en su boda, o a que relaten cómo se conocieron.

3. **Opción:** Permita que los miembros compartan sus respuestas a la pregunta 1 de "Labrar la tierra" (p.12), acerca de las expectativas que tenían respecto al matrimonio cuando eran niños.

Discusión

1. **Labrar la tierra**: Comience la discusión invitando a los voluntarios a compartir sus respuestas a algunas de las preguntas. (Las preguntas 1, 2, 5 y 6 probablemente son mejores para la discusión grupal. Esté atento al horario puesto que querrá dedicar la mayor parte del tiempo de discusión a las dos secciones siguientes: el estudio bíblico y la aplicación).

2. **Plantar la semilla**: Guíe al grupo a través de la discusión del estudio bíblico, repasando brevemente los comentarios como transición entre cada pregunta. Absténgase de leer dichos comentarios palabra por palabra, excepto cuando sea necesario para mayor claridad.

3. **Regar la esperanza**: Las preguntas de esta sección ayudarán a los miembros a introducir el estudio bíblico a la realidad de sus propias expectativas versus el plan de Dios. No descuiden esta parte del estudio, puesto que traslada la lección completa al aquí y ahora, aplicando la Palabra de Dios a la vida diaria de cada integrante.

4. **Cosechar el fruto**: Esta sección tiene como propósito ayudar a cada pareja a aplicar la lección a su propio matrimonio, y puede abordarse de diferentes maneras:

    a. Dé tiempo individual a cada pareja al final de la reunión. Esto va a requerir un lugar para que estén solos, con suficiente espacio entre cada pareja para permitir que conversen quieta y privadamente.

    Si las parejas ya han contestado las preguntas en forma individual, éste sería el tiempo oportuno para que compartan sus respuestas. Déles un límite de tiempo, subrayando que pueden continuar el debate en casa, si no alcanzan a contestarlas todas en el tiempo asignado.

    Si las parejas no han contestado las preguntas antes de la reunión, haga que las contesten juntos ahora. Esto resulta mejor cuando no hay límite de tiempo para que las parejas se queden hasta terminar su debate, lo cual requerirá que los líderes se queden hasta que termine la ultima pareja.

    b. Instruya a las parejas para que completen esta sección en casa durante la semana después de la reunión. Esto les permitirá tratar, tranquilamente y en privado, las cuestiones que puedan surgir, disponiendo del tiempo necesario para concluir su debate. Usted continuará en la reunión siguiente, haciendo responsable a cada pareja de completar esta parte de la lección.

c. En ocasiones podría ser provechoso ubicar las parejas en pares para debatir sobre estas preguntas. Esto ayudaría a consolidar el sentido de responsabilidad en el estudio.

5. **Concluya con oración**: Una parte importante de toda relación de grupo pequeño es el tiempo dedicado a orar unos por otros. Esto también puede llevarse a cabo en distintas formas:

a. Indique a las parejas que escriban sus pedidos de oración específicos en el formulario de oración (o en las fichas). Estos pedidos pueden compartirse con todo el grupo o ser intercambiados con los de otras parejas como compañeros de oración durante la semana. Si decide compartir los pedidos, oren como grupo antes de finalizar la reunión; si los intercambian, provea un tiempo a las parejas compañeras de oración para que oren juntos.

b. Reúna al grupo y dirija a las parejas en una oración guiada. Pida a Dios que continúe abriendo los ojos de ellos al plan que Él tiene para cada matrimonio.

c. Indique que cada pareja ore junta.

Después de la reunión

1. **Evalúe**: Los líderes deben dedicar tiempo a evaluar la efectividad de las reuniones (vea la *Guía para el ministerio de matrimonios de Enfoque a la Familia*, buscar la *Hoja de evaluación* en la sección de "Formularios fotocopiables").

2. **Aliente**: Durante la semana, trate de tomar contacto con cada pareja (por medio de llamadas telefónicas, notas breves de estímulo, mensajes instantáneos o por correo electrónico) y déle la bienvenida al grupo. Póngase a disposición para responder cualquier pregunta que puedan tener y llegue a conocerlos en general. Sería bueno que el esposo-líder contacte a los hombres y la esposa-líder a las mujeres.

3. **Equípese**: Completen el estudio bíblico, aunque ya lo hayan realizado juntos.

4. **Ore**: Prepárese en oración para la próxima reunión, orando por cada pareja y por su propia preparación.

Recuerde: En su deseo de servir a los miembros de su grupo, no descuiden su propio matrimonio. ¡Compartan tiempo de calidad con su cónyuge durante la semana!

Antes de la reunión

1. Consiga algunas Biblias, lápices o bolígrafos y materiales para hacer tarjetas de identificación con los nombres de los presentes.
2. Haga fotocopias del formulario de oración o suministre fichas de 3x5 pulgadas para registrar los pedidos.
3. Lea sus propias respuestas a las preguntas, marcando las que desea que se debatan en el grupo.
4. Prepare papelitos con las citas bíblicas de los versículos que usted querrá que sean leídos en voz alta durante las sesiones. (Si lo desea, puede distribuirlos a medida que llegan los integrantes.)
5. Obtenga tres bobinas de hilo de coser de colores que contrasten (ej., rojo, blanco y azul). Corte hilos de 45 cm. de largo, en cantidad suficiente para hacer un juego de seis (dos de cada color) para cada pareja de su grupo.

Rompehielos

1. Mientras llegan las parejas, entregue a cada uno un juego de hilos e indíqueles que coloquen los hilos cuidadosamente —de modo que no se enreden— dentro de su libro d estudio o Biblia hasta que comience la reunión.
2. Distribuya los formularios de oración (o las fichas) y pida a los miembros que, al menos, escriban su nombre, aunque no tengan un pedido específico. De esta manera, otra pareja puede orar por ellos durante la semana siguiente. (Después de todo, el hecho de no tener una petición específica, ¡no significa que no necesitemos oración!)
3. Solicite voluntarios para compartir cómo aplicaron a su relación matrimonial lo aprendido en la sesión de la semana pasada. Aquí se sugieren algunas preguntas.
   a. ¿De qué modo comprender mejor las expectativas de Dios para el matrimonio dio un punto fuerte de esperanza a su relación?
   b. ¿Cómo reflejó su relación matrimonial algo de la naturaleza de Dios o le dio gloria a Él durante esta semana?
   c. ¿Qué cosa de las aprendidas en la reunión de la semana anterior, le ayudó a comprender (o ilustrar) el plan de Dios para el matrimonio?

Discusión

1. **Labrar la tierra**: Comience la reunión con una lección objetiva seguida por una discusión. (Nota: ¡Cerciórese de practicar la lección objetiva antes de la reunión!)

   a. Indique a cada esposo que tome el hilo azul (o el color que usted haya elegido) y permita que la esposa trate de romperlo, lo cual será muy fácil. Luego, que cada una de las esposas tome un hilo rojo y uno blanco, y los mantengan juntos mientras los esposos tratan de romperlos. Nuevamente, esto será bastante fácil (¡a menos que haya elegido hilo de resistencia industrial!) Finalmente indique a las parejas que tomen los tres hilos restantes, y que cada cónyuge sostenga los extremos opuestos, y los trencen. Cuando los hilos han sido trenzados juntos, pida a los esposos que traten de romper "la cuerda de tres hilos". Sería imposible (o casi).

   b. Comience el debate invitando a un voluntario a leer Eclesiastés 4:12 y haga luego que los que lo deseen compartan sus respuestas a las preguntas 1 y 2.

2. **Plantar la semilla**: Debatan sobre las preguntas 3 a la 7.

   a. Pueden saltearse "Fortalecer los hilos" y "Los grandes matrimonios comienzan con un compromiso personal con Jesucristo", si usted está seguro de que todos los integrantes han hecho un compromiso personal con Cristo; sin embargo no dé por supuesto que es así. En cambio, puede preguntar si alguien tiene interrogantes sobre esta sección y si se ha tomado alguna decisión. Esté atento a los que recientemente puedan haber hecho un compromiso con Jesucristo, o podrían estar preparados para ello. Invite a los integrantes a hablar con usted después, si estuvieran en esta situación.

   b. Pueden cubrirse fácilmente las preguntas 13 al 15 de "Los grandes matrimonios se fortalecen con una constante devoción Personal". La pregunta 16 es personal y es necesario que se responda individualmente.

   c. "Los grandes matrimonios perduran por la constante sumisión personal" proveerá ciertamente el debate más ardiente de esta sesión. Aquí también se encuentran varias peguntas de aplicación personal; sería bueno dejarlas para que cada pareja las discuta a solas. Las preguntas que reflejan la base bíblica de la sumisión personal proveerán suficiente material para el debate grupal.

3. **Regar la esperanza**: Para la discusión divida el grupo por género. Las esposas debatirán la pregunta 25, y los esposos la pregunta 26.

   a. Después de que los grupos han tenido unos minutos para debatir su pregunta, desafíelos a mantenerse responsables en mostrar sumisión "unos a otros por reverencia a Cristo" (Efesios 5:21) y luego haga que ambos grupos oren unos por otros.

   b. Anime a los hombres a comunicarse por teléfono durante la semana para preguntar cómo les va en mostrar amor a sus esposas. Anime a las mujeres a llamarse mutuamente y compartir cómo han mostrado respeto a sus esposos. También puede pedir a los integrantes que se agrupen en pares con un compañero de responsabilidad del mismo sexo para la semana siguiente.

4. **Cosechar el fruto**: Haga que los cónyuges formen pares y compartan sus respuestas a las preguntas 27 y 33. Asígneles la tarea de escribir la declaración del propósito de su matrimonio durante la semana y hágales saber que se les pedirá que la lean en la reunión de la próxima semana.

5. **Concluya con oración**: Al final de la sesión, cada pareja debe orar junta siguiendo las directivas. A medida que los integrantes se retiran, pídale a cada uno que elija el formulario de oración (o ficha) de otra persona, para orar por él o ella durante el resto de la semana.

Recuerde: Después de la reunión, esté a disposición para hablar con quienes recientemente hayan tomado la decisión de seguir a Cristo.

Después de la reunión

1. **Evalúe.**
2. **Aliente** a los compañeros de responsabilidad a llamarse durante el resto de la semana para ver de qué manera están honrando a su cónyuge.
3. **Equípese.**
4. **Ore.**

Antes de la reunión

1. Consiga fichas, lápices o bolígrafos, y Biblias, según sean necesarios.
2. Haga fotocopias del formulario de oración o provéase de fichas de 3x5 pulgadas para registrar los pedidos.
3. Lea sus propias respuestas a las preguntas, marcando las que desea especialmente que se debatan en el grupo.
4. Prepare papelitos con las citas bíblicas de los versículos que usted querrá que sean leídos en voz alta durante la sesión. (Si lo desea, puede distribuirlos a medida que llegan los integrantes.)

Rompehielos

1. Distribuya las fichas a medida que lleguen los integrantes y pídales que escriban sus nombres en las tarjetas. Pídales también que escriban qué soñaban ser de niños cuando crecieran. Indique a todos que mantengan las tarjetas consigo, sin compartir siquiera con su cónyuge lo que han escrito.
2. Cuando todos hayan tenido tiempo suficiente para escribir su sueño de la niñez, recoja las tarjetas y mézclelas. Comience con la tarjeta de arriba, lea el sueño y pida al grupo que adivine a quién pertenece.

Discusión

1. **Labrar la tierra**: Comience la reunión pidiendo a las parejas que lean las declaraciones del propósito de sus matrimonios.
   a. Pida a los integrantes que compartan brevemente acerca del peor o mejor trabajo que hayan tenido.
   b. Invite a algunos voluntarios a describir su empleo soñado.
2. **Plantar la semilla**: Debatan las preguntas.
3. **Regar la esperanza**: Pida que cada pareja se acompañe de otra para debatir las preguntas 18 a 20. Instruya a las parejas para compartir las fortalezas que ve en la otra.

4. **Cosechar el fruto**: Haga que los cónyuges compartan entre sí sus respuestas a las preguntas 23 a 26. Desafíe a las parejas a comenzar a descubrir la obra que Dios ha planeado que realicen juntos.

5. **Concluya con oración**: Reúna a una pareja con otra nuevamente para que compartan lo que cada uno escribió en su formulario de oración (o ficha). Una vez hecho esto, indíqueles que oren juntos.

Después de la reunión

1. **Evalúe**.
2. **Aliente** a cada pareja a comunicarse durante la semana con sus compañeros de oración para compartir las respuestas a sus oraciones.
3. **Equípese.**
4. **Ore.**

Antes de la reunión

1. Provéase de lápices o bolígrafos y Biblias, según sean necesarios.

2. Haga fotocopias de la **Hoja de evaluación** (ver la *Guía para el ministerio de matrimonios de Enfoque a la Familia,* en la sección de "Formularios Fotocopiables").

3. Haga fotocopias del formulario de oración o provéase de fichas de 3x5 pulgadas para registrar los pedidos.

4. Lea sus propias respuestas a las preguntas, marcando las que desea que se debatan especialmente en el grupo.

5. Prepare papelitos con las citas bíblicas de los versículos que usted querrán que sean leídos en voz alta durante las sesiones. (Si lo desea, puede distribuirlos a medida que llegan los integrantes.)

6. Reúna varios afiches de viaje de lugares deseables de vacaciones de todo el mundo y colóquelos en las paredes del lugar de reunión. (Si no puede conseguir los afiches de viaje, haga carteles con los nombres de lugares de vacaciones utilizando cartulinas y lapiceras con punta de fieltro.)

7. Si usted va a proveer los elementos para la Cena del Señor para la actividad opcional de cierre, prepárelos de antemano.

Rompehielos

1. Invite a los integrantes a mirar los afiches distribuidos por la habitación y a seleccionar el que mejor describe su lugar favorito (o soñado) de vacaciones. Haga que compartan por qué seleccionaron ese lugar.

2. Pida que los integrantes describan su concepto de paraíso.

Discusión

1. **Labrar la tierra**: Discutan las preguntas 1, 3 y 4.

2. **Plantar la semilla**:Instruya a los integrantes para que cierren sus ojos e imaginen cómo debe de haber sido estar en el Jardín del Edén, en paz y en unidad con Dios y uno con el otro. Haga que continúen con los ojos

cerrados mientras lee en voz alta Génesis 2:4-25.Invite a los voluntarios a compartir qué imaginaron mientras usted leía.

   a. Haga que un voluntario lea Génesis 3:1-24. Discutan las preguntas 5 a 10.

   b. La mayoría de las preguntas (13 a 21) de "¿Qué nos sucede?" tiene por objeto la autoevaluación. Si lo desea puede disponer tiempo después de la discusión grupal para que los integrantes reflexionen acerca de sus respuestas; de lo contrario sugiera que lo hagan con oración en sus hogares durante el resto de la semana. La sección de la tabla puede discutirse como pareja en "Cosechar el fruto", o en su hogar durante la semana.

   c. Continúe la discusión grupal con las preguntas 22 a 27.

3. **Regar la esperanza**: Reúna a una pareja con otra para que debatan las preguntas de esta sección.

4. **Cosechar el fruto**: Hay dos formas posibles de finalizar esta sesión.

   a. Haga que las parejas debatan sobre sus respuestas a las preguntas 13 a 21, especialmente la tabla y las preguntas que siguen inmediatamente. Después concluya con oración.

   b. Provea los elementos para que cada pareja individual celebre la Cena del Señor con su cónyuge. Si usted no dispone de ellos en ese momento, inste a las parejas a celebrarla en su hogar durante la semana

5. **Concluya con oración**: Pida a los miembros del grupo que se pongan de pie en círculo, y consagre un tiempo a oraciones de alabanza y adoración. Concluya entonando juntos una canción de adoración.

Después de la reunión

1. **Evalúe**. Distribuya las hojas de evaluación para que cada integrante se lo lleve a su casa. Compartan la importancia de la retroalimentación, y pida a los miembros que esta semana destinen tiempo a escribir su informe de evaluación de las reuniones grupales y que se lo entreguen a usted.

2. **Aliente.** Comuníquese con cada pareja durante la semana e invítela a asistir al próximo estudio de la *Serie sobre el matrimonio* de *Enfoque a la Familia*.

Nota:

1.Al Janssen, *The Marriage Masterpiece* (Wheaton, IL: Tyndale House Publishers, 2001).

ENFOQUE A LA FAMILIA®

¡Bienvenido a la Familia!

Oramos con esperanza para que al participar de esta *Serie sobre el matrimonio* de *Enfoque a la Familia*, Dios le conceda un entendimiento más profundo del plan que Él tiene para su matrimonio y que fortalezca su relación de pareja.

Esta serie es uno de los muchos recursos útiles, esclarecedores y alentadores que produce Enfoque a la Familia. De hecho, de eso se ocupa Enfoque a la Familia: de informar, inspirar y aconsejar con fundamento bíblico a personas que se hallan en cualquiera de las etapas de la vida.

Todo comenzó en 1977 con la visión de un hombre, el Dr. James Dobson, un psicólogo y autor de 18 éxitos de librería acerca del matrimonio, la crianza de los hijos y la familia. Alarmado por las presiones sociales, políticas y económicas que ponían en peligro la existencia de la familia americana, el Dr. Dobson fundó Enfoque a la Familia con sólo un empleado y un programa radial semanal que transmitían solamente 36 radioemisoras.

Ahora es una organización internacional dedicada a preservar los valores judeo-cristianos y a fortalecer y alentar a las familias por medio del mensaje transformador de Jesucristo. Los ministerios de Enfoque a la Familia llegan a familias de todo el mundo a través de 10 diferentes programas de radio, 2 programas de televisión, 13 publicaciones, 18 sitios web, y una serie de libros, películas y vídeos premiados, dirigidos a personas de todas las edades e intereses.

¡Nos gustaría recibir noticias suyas!

Para recibir más información sobre el ministerio, o si podemos ser de ayuda para su familia, simplemente escriba a Enfoque a la Familia, Colorado Springs, CO 80995 o llame al 1-800-A-FAMILY (1-800-232-6459). Los amigos en Canadá pueden escribir a Enfoque a la Familia, P.O. Box 9800, Stn. Terminal, Vancouver. B.C. V6B-4G3 o llamar al 1-800-661-9800. Visite nuestra página web —www.family.org— para aprender más acerca de Enfoque a la Familia o para ver si hay una oficina asociada en su país.